まちごとチャイナ

Hebei 002 Shijiazhuang

石家荘

河北省の省都
「十字交差路」

Asia City Guide Production

【白地図】石家荘と華北

CHINA
河北省

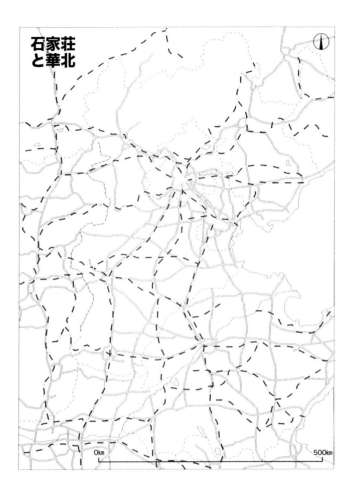

【白地図】石家荘

CHINA
河北省

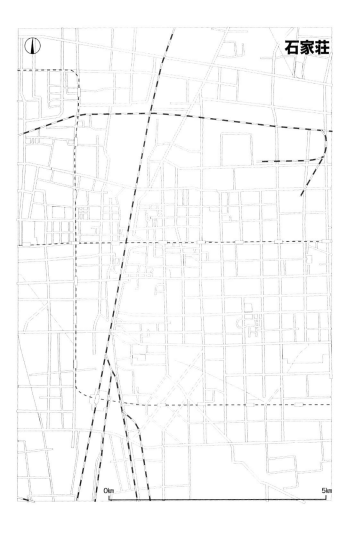

【白地図】石家荘中心部

CHINA
河北省

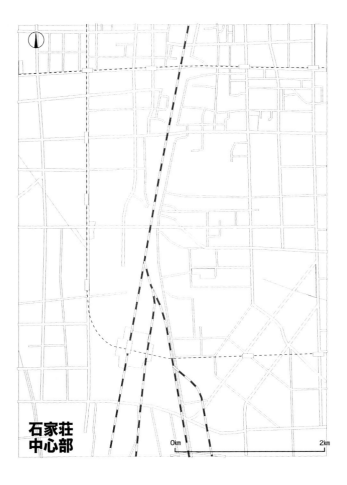

【白地図】石家荘旧市街

CHINA
河北省

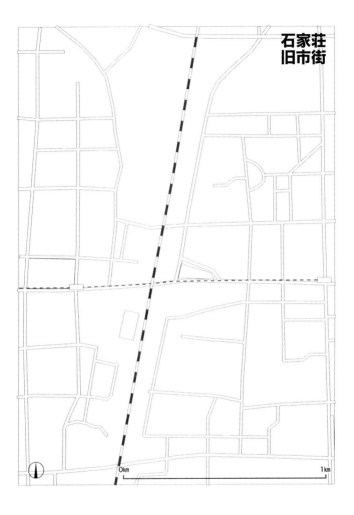

【白地図】市街東部

CHINA
河北省

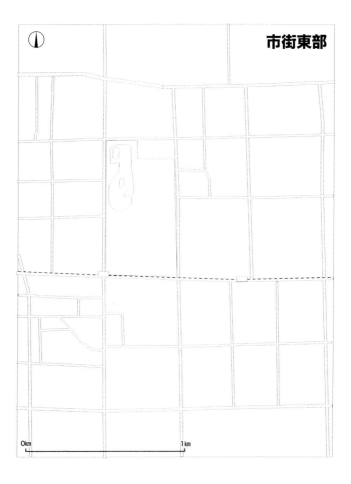

【白地図】市街西部

CHINA
河北省

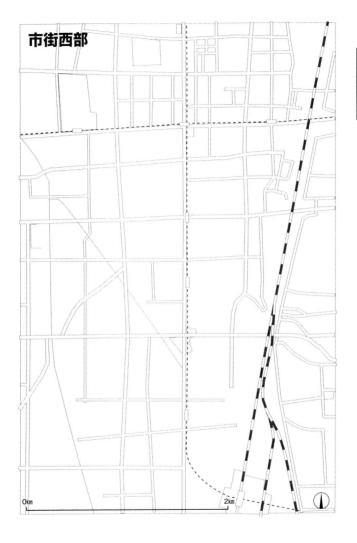

市街西部

Shijiazhuang 白地図

【白地図】石家荘から正定

CHINA
河北省

石家荘
から正定

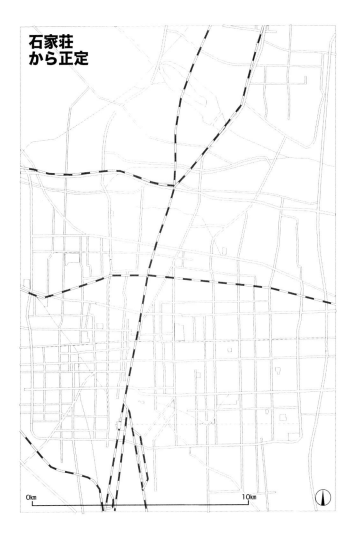

Shijiazhuang 白地図

【白地図】正定

CHINA
河北省

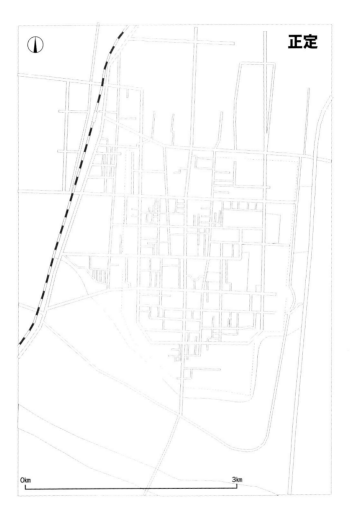
正定 Shijiazhuang 白地図

【白地図】隆興寺

CHINA
河北省

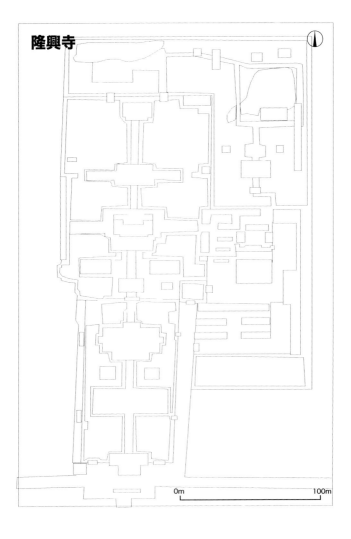

【白地図】正定中心部

CHINA
河北省

正定中心部

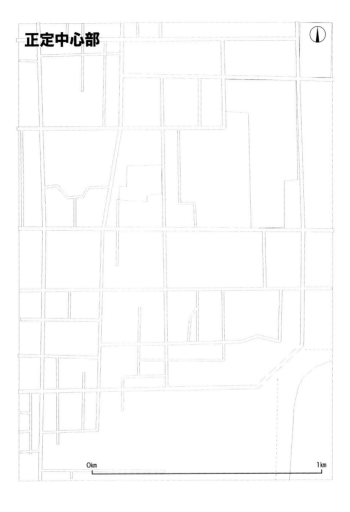

Shijiazhuang ｜ 白地図

【白地図】石家荘西郊外

石家荘西郊外

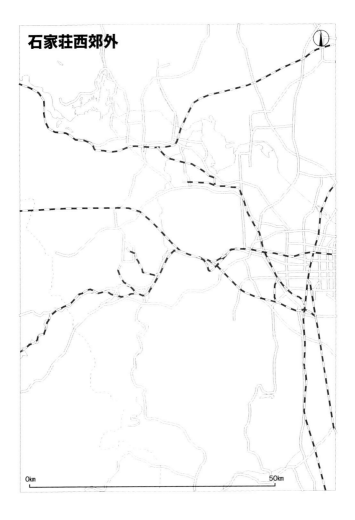

【白地図】石家荘南東郊外

CHINA
河北省

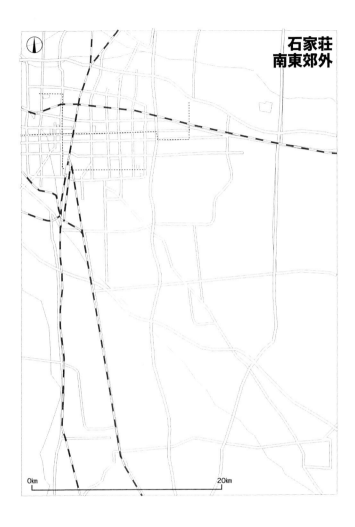

【白地図】趙県

CHINA
河北省

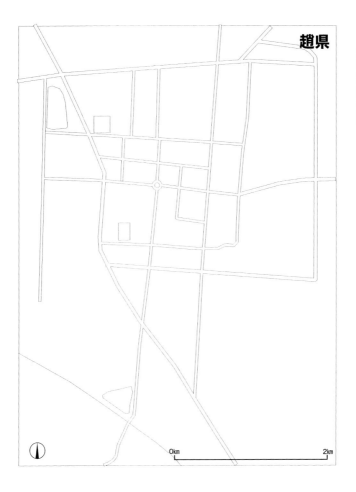

【まちごとチャイナ】
河北省 001 はじめての河北省
河北省 002 石家荘
河北省 003 秦皇島
河北省 004 承徳
河北省 005 張家口
河北省 006 保定
河北省 007 邯鄲

CHINA
河北省

　コーリャンやとうもろこし、綿花の実る華北平原に位置する河北省の省都石家荘。20世紀はじめまでは人口500人ほどが暮らす寒村に過ぎなかったが、中国南北を結ぶ京漢鉄道と、内陸と海の東西を結ぶ正太鉄道の交わる停車場（駅）がおかれたことで急速な発展をとげた。

　古くからこのあたりの中心は、石家荘郊外の正定と趙州で、隋代にさかのぼる古刹や中国最古のアーチ型石橋が残っている。755～763年の安史の乱以後は、正定などの藩鎮(河朔三鎮)は唐朝に対して独立的な態度をとり、それゆえ廃仏の嵐を受

石家荘
石家庄 Shí jiā zhuāng
シィジィアチュウアン
Shi Jia Zhuang

けることなく、華北独特の仏教文化がつむがれてきた。

　20世紀に入って中国の近代化とともに街がつくられた石家荘は、伝統都市特有の城壁をもたなかったため、地形の制約を受けることなく、拡大していった。河北省や山西省で産出される石炭や鉄鉱石といった豊富な地下資源を背景に新興工業都市として成長をとげ、河北省の政治、経済、情報産業の中心地となっている。

【まちごとチャイナ】
河北省 002 石家荘

目次

石家荘	xxviii
華北平原のメトロポリス	xxxiv
旧市街城市案内	xlvi
市街東部城市案内	lxi
市街西部城市案内	lxxiii
仏教胡族中世河北の世界	lxxxv
正定城市案内	xcvi
西郊外城市案内	cxxviii
南東郊外城市案内	cxlv
城市のうつりかわり	clxii

【MEMO】

【地図】石家荘と華北

CHINA
河北省

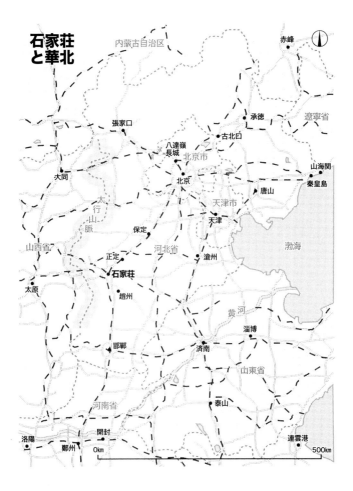

華北平原のメトロポリス

CHINA
河北省

河北省と西の山西省をわける太行山脈
この太行山脈を越える峠の井陘に続く要衝の地
古くは正定、20世紀以降、石家荘が台頭した

石家荘の誕生

中国では村や集落を「荘」と、農民を「荘戸」と呼び、華北には趙家荘や楊家荘子など、いくつもの「荘」や「荘子」があった。華北平原の農村地帯にあたった現在の石家荘の地には、「枕頭」と呼ばれる寒村があり、また同様に近くの東焦村の農民は梨やなつめなどの果樹を栽培して正定（県城）に売りに行く姿も見られたという。20世紀に入って、近代化と工業化にあわせて鉄道の敷設が決まると、石家荘の地の利が注目を集め、急速な街づくりが進められた。1925年、近くの農村地帯をあわせ、休門と石家荘の名前をとって石門市

Shijiazhuang 華北平原のメトロポリス

（現在の石家荘）が生まれ、1947年、石門市は石家荘となった。1949年、中華人民共和国が成立してまもなく、保定や天津に河北省の省都はおかれたが、1968年、石家荘が省都となった。石家荘の「荘」は中国の簡体字で「庄（石家庄）」と書くが、日本で使われる漢字でも「庄」は「荘」の俗字であるため、「石家庄」とも表記される。

河北省

鉄道が黄金交差

20世紀初頭にはほとんど何もなかった石家荘の地で、近代化と工業化を象徴するふたつの鉄道が交差した。ひとつは隋代より江南の物資を華北に運んだ中国南北の大動脈「京杭大運河」に替わる「京漢鉄道」(北京と漢口を結び、広州まで伸びた)。もうひとつは工業化のエネルギーにかかせない石炭や鉄鉱石を運ぶ東西の「正太鉄道」(石家荘と太原を結び、港へつながっていった)。1904年の京漢鉄道、1907年の正太鉄道の開通を受けて、省内、省外から機会と仕事を求める人びとが石家荘に流入した。1901年、93戸532人の暮らすば

Shijiazhuang

華北平原のメトロポリス

かりだった石家荘の人口は、1937年には5万人になり、さらに1939年から41年かけて都市化の流れは加速した。1949年の石家荘の人口は27万8000人で、たった50年で大都市に成長するその速度は、同様の性格をもった港町天津よりも早いものだった。石家荘は滹沱河流域で産出される綿花を原料とする紡績業や、製粉、機械、化学、鉄鋼、製薬工場、医薬などを産業とし、21世紀を迎えて大気汚染の問題も指摘されるなか、今後の環境対策が焦点となっている。

【MEMO】

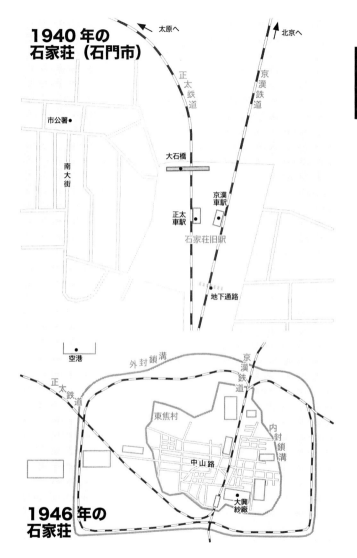

河北省

華北の古都正定

石家荘市街の北側を流れる滹沱河をはさんで位置する中国伝統都市の正定。ここは「石家荘以前の石家荘」とも言える古都で、石家荘は正定のそれを受け継いで発展した。華北を代表する隋代の古刹隆興寺が残るほか、臨済宗の祖である臨済義玄が庵を構えた場所でもあり、仏教寺院や仏塔が連なる姿は寺院都市を思わせる。仏教は魏晋南北朝から隋唐代にかけて浸透していき、当時の河北は仏教への信仰心が強かった鮮卑族などの北方民族も暮らす「胡漢雑戸の地」とされた。これが鮮明になったのが安史の乱（755〜763年）以後で、正

▲左　三国志の英雄、趙雲子龍は石家荘そばの常山（正定）出身。　▲右　大気汚染も懸念されるなか高層ビル群がそびえる

定をはじめとする河朔三鎮では長安の廃仏の方針を受け入れず、唐朝に対して独立状態をたもった（唐朝皇帝は道教の老子と同じ李姓をもち、しばしば廃仏が行なわれた）。こうした経緯もあって、正定は華北ではめずらしい仏教文化の伝わる地となっている。唐代、正定は五台山（山西省）への巡礼者が旅の安全を祈って立ち寄り、香を献ずる出発地だったという。

河北省

石家荘の構成

街が形成され、急速に発展するなかの 1938 年に石家荘を訪れた詩人草野心平（1903 〜 88 年）は「この街には城壁がないので今後は横にも縦にも自由に延びて行くだらうと思はれる」（『石家荘界隈』）と記している。北京や西安といった中国の伝統的な街が城壁をもち、近代になってその城壁外に鉄道駅がつくられたのと違って（街区の外側に鉄道駅がおかれた）、石家荘では鉄道駅を中心に街が発展した。長らく石家荘駅は現在の解放広場の位置にあり、その東西に街が形成され、20 世紀初頭の街区は今よりはるかに小さかった。1949

Shijiazhuang　華北平原のメトロポリス

年以後、石家荘市街を東西に走る中山路を中心に街の規模が拡大し、石家荘駅の西側に「石家荘解放紀念碑」「烈士陵園」など中華人民共和国成立に関するもの、東側には「河北省博物館」「人民広場」などの公共施設が位置する。石家荘を走る東西の大通りを「路」、南北の大通りを「街」と言い、中山路以北を「北大街」、以南を「南大街」、また石家荘旧駅を基点に東側を「東路」、西側を「西路」と呼ぶ。石家荘の観光地として、滹沱河をはさんで北郊外に位置する「正定」、南東郊外に位置する「趙州」に多くの遺構が残っている。

【地図】石家荘

【地図】石家荘の［★★☆］
- [ ] 石家荘旧駅 石家庄站旧址
   シイジィアチュゥアンチャンジィウチイ
- [ ] 中山路 中山路チョンシャンルウ
- [ ] 河北省博物館 河北省博物馆
   ハァベイシェンボオウグゥアン
- [ ] 石家荘電視塔 石家庄电视塔
   シイジィアチュゥアンディエンシイタア

【地図】石家荘の［★☆☆］
- [ ] 大石橋 大石桥ダアシイチャオ
- [ ] 人民広場 人民广场レンミングゥアンチャァン
- [ ] 中華大街 中华大街チョンフゥアダアジエ
- [ ] 中山広場 中山广场チョンシャングゥアンチャァン
- [ ] 華北烈士陵園 华北烈士陵园
   フゥアベイリィエシイリィンユゥエン

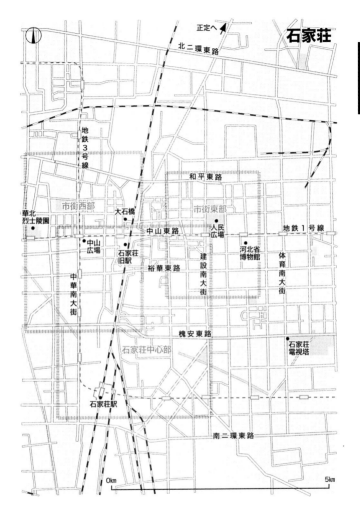

Guide, Jiu Cheng Shi
旧市街城市案内

CHINA
河北省

> 鉄道が十字路に交わった石家荘
> 旧停車場を中心に街は発展し
> 駅に近い旧市街は石家荘でも特異な表情を見せる

石家荘旧駅 石家庄站旧址 shí jiā zhuāng zhàn jiù zhǐ
シイジィアチュゥアンチャンジィウチイ ［★★☆］

中国南北を結ぶ京漢鉄道は、清朝末期の 1904 年に開通し、それと交差するように 1907 年、正太鉄道が開通した。石家荘旧駅は 1903 年、ふたつの鉄道の交差する地点に建てられ、ここを起点に石家荘の街はつくられていった。主要な鉄道が交差することから、戦前の石家荘旧駅は「北京の停車場などよりも広大」であったという。現在、石家荘駅は市街南部に移動し、石家荘旧駅前の解放広場の周囲には高層建築が立つ。

石家荘旧市街 石家庄旧城市 **shí jiā zhuāng jiù chéng shì シイジィアチュゥアンジィウチャンシイ**［★☆☆］

20世紀初頭から石家荘旧駅の東西に街がつくられていった石家荘。整然とした街区をもつ石家荘にあって、石家荘旧市街はやや複雑に入り組み、細い路地が何本も走っている。石家荘は黎明期から商人の街として発展し、石畳の通りの両脇には2階建ての建物がならんでいたという（北京旧市街では1階建ての胡同が続いた）。石家荘旧駅の西側に金融機関が集まり、南大街は石家荘でもっともにぎわう場所だったほか、フランスによる正太鉄路局のような欧風建築も見られた。ま

【地図】石家荘中心部

【地図】石家荘中心部の [★★☆]
- ☐ 石家荘旧駅 石家庄站旧址
  シイジィアチュゥアンチャンジィウチイ
- ☐ 中山路 中山路チョンシャンルウ

【地図】石家荘中心部の [★☆☆]
- ☐ 石家荘旧市街 石家庄旧城市
  シイジィアチュゥアンジィウチャンシイ
- ☐ 人民広場 人民广场レンミングゥアンチャァン
- ☐ 中華大街 中华大街チョンフゥアダアジエ
- ☐ 中山広場 中山广场チョンシャングゥアンチャァン
- ☐ 華北烈士陵園 华北烈士陵园
  フゥアベイリィエシイリィンユゥエン

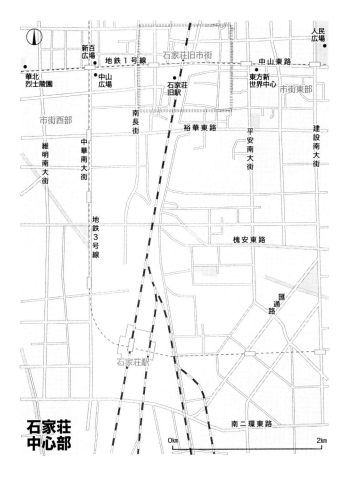

【地図】石家荘旧市街

【地図】石家荘旧市街の [★★☆]
- ☐ 石家荘旧駅 石家庄站旧址
  シイジィアチュゥアンチャンジィウチイ
- ☐ 中山路 中山路チョンシャンルウ

【地図】石家荘旧市街の [★☆☆]
- ☐ 石家荘旧市街 石家庄旧城市
  シイジィアチュゥアンジィウチャンシイ
- ☐ 石家荘解放紀念碑 石家庄解放纪念碑
  シイジィアチュゥアンジエファンジイニィエンベェイ
- ☐ 大石橋 大石桥ダアシイチャオ
- ☐ 永安歩行街 永安步行街ヨォンアンブウシィンジエ
- ☐ 天主堂 天主堂ティエンチュゥタァン

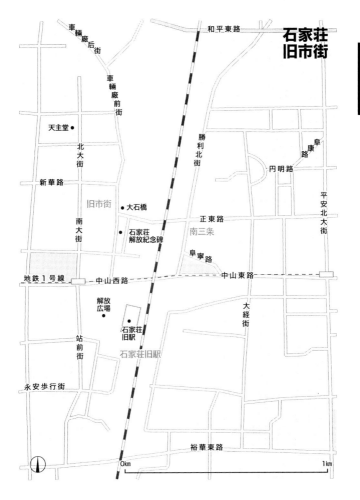

CHINA
河北省

た正東路の南三条市場のにぎわいも知られ、中山東路、阜康路、正東街、阜寧路あたりには日本人も多く暮らしていた(石家荘は日中戦争時の日本の華北における拠点だった)。

農村から都市へ

1901年、石家荘はわずか93戸、532人の住む寒村に過ぎなかったが、中華人民共和国の成立した1949年には27万8000人の人口を抱えていた。農村から急速に都市へと発展をとげた石家荘では、中国農村における土地、山神、五道といった神への信仰、これらの神や廟名からとられた地名が他の都市よ

りも多く見られた（五道神とは仏教の天道・人道・餓鬼道・畜生道・地獄道が神格化されたもの）。農村が都市化するにあたって、土地の神さまから孔子をまつる文廟や関羽をまつる武廟などの儒教的な神さまが台頭していくのだという。たった50年で大都市化した石家荘は、上海や天津にくらべても成長が急速で、20世紀末から21世紀初頭にかけて広東省深圳で同様のことが起こった。

河北省

石家荘の発展を支えた綿花工場

20世紀初頭の石家荘は、軽工業と紡績を主要な産業とする新興工業都市として台頭した。とくに石家荘北部の滹沱河流域は綿花の産地で、それまで手でつくられた衣服は、産業革命を受けて工業製品となった。石家荘の産業は農業から工業へと急変し、石家荘旧駅のそばにあった大興紗廠は華北でも最大の綿花紡織工場と知られた（農地が工場用地に変わった）。

▲左　昔ながらのたたずまいの永安歩行街。　▲右　石家荘はじまりの地とも言える石家荘旧駅

石家荘解放紀念碑 石家庄解放纪念碑
shí jiā zhuāng jiě fàng jì niàn bēi
シイジィアチュゥアンジエファンジイニィエンベェイ［★☆☆］

解放広場（石家荘旧駅）近くに立つモニュメントの石家荘解放紀念碑。1937〜45年の日中戦争のさなか、中国共産党は延安に拠点をおき、農村地帯で勢力を拡大していった。やがて国共内戦（1946〜49年）を優位に戦った中国共産党は延安から石家荘北西の西柏坡に拠点を遷し、農村から都市部へ重点が遷されることになった。1947年、中国共産党は石家荘へ進出し、当時の石家荘は石門と呼ばれていたことから、

CHINA
河北省

石門市人民政府を発足させた(中国共産党が新たに勢力下におくことを「解放」と呼ぶ)。石家荘は中国共産党が統治するはじめての大都市で、晋察冀区と晋察魯予区の統合、中国人民銀行が設立など、中華人民共和国につながる試みが行なわれた。1949年、北京(北平)が解放されたことで、石家荘の政府は北京に遷り、やがて中華人民共和国の建国が宣言された。

大石橋 大石桥 dà shí qiáo ダアシイチャオ ［★☆☆］

大石橋は石家荘（正定）と太原を結ぶ正太鉄道の開通にあわせて 1907 年に架橋された大石橋。かつての正太鉄道は車輛廠前街から車輛廠后街に沿うように走り、鉄道敷設の資本を出したフランスによる正太鉄路局がそばにあった。石家荘市街の東西を往来できるよう、線路をまたぐようにかけられ、全長 150m、高さ 7 m、幅 10m、23 のアーチをもつ橋となっている（京漢鉄道側は橋ではなく、地下通路だった）。現在、当時の正太鉄道の線路は撤去され、「かつての石家荘の象徴」とも言えた大石橋だけが残っている。

河北省

永安步行街 永安步行街
yǒng ān bù xíng jiē ヨォンアンブウシィンジエ [★☆☆]
細い路地にずらりと店舗がならぶ永安歩行街。ホテル、レストランなどがところ狭しと連なり、雑多な様子からは昔ながらの石家荘の趣を感じられる。

天主堂 天主堂 **tiān zhǔ táng ティエンチュウタァン**[★☆☆]
石家荘旧市街の一角、北大街に立つ天主堂。石づくりの西欧風建築で、石家荘でもっとも伝統のあるキリスト教会と知られる。

【MEMO】

CHINA
河北省

Guide,
Cheng Shi Dong Fang
市街東部
城市案内

市街東西を横断する目抜き通りの中山路
博物館や図書館といった公共施設のほか
高さ242mの開元環球中心など高層ビルもそびえる

中山路 中山路 zhōng shān lù チョンシャンルウ ［★★☆］
中山路は石家荘市街を東西に走る大動脈で、石家荘旧駅よりも東側を中山東路と呼ぶ(西側が中山西路)。「勒泰中心」や「東方新世界中心」などの高層ビル、建設大街との交差点に立つ「北国商城」、その向かいの「新天地商城」といった大型複合商業施設、銀行、公共施設がならぶ。また中山東路の道路幅は50mになるため、地下街も発達している。

【地図】市街東部

【地図】市街東部の [★★☆]
- [ ] 中山路 中山路チョンシャンルウ
- [ ] 河北省博物館 河北省博物馆 ハァベイシェンボオウグゥアン

【地図】市街東部の [★☆☆]
- [ ] 人民広場 人民广场 レンミングゥアンチャァン
- [ ] 呉禄貞の墓 吴禄贞墓 ウウルウチェンムウ
- [ ] 河北省図書館 河北省图书馆 ハァベイシェントゥシュウグゥアン
- [ ] 国際博覧中心 国际博览中心 グゥオジイボォランチョンシン
- [ ] 開元環球中心 开元环球中心 カァイユゥンフゥアンチィウチョンシン

河北省

人民広場 人民广场
rén mín guǎng chǎng レンミングゥアンチャァン [★☆☆]
幅450m、奥行き850mの広大な緑地をもつ長安公園の前方部、中山東路に面して位置する人民広場。市政府の入居する人民会堂を中心に、人造湖、モニュメントが見られるほか、石家荘市博物館、石家荘市図書館などの公共施設も集まる。長安公園は毛沢東（1893～1976年）が権力をにぎっていた時代、東方紅公園と呼ばれていた。

▲左　中山東路の新天地商城。　▲右　高さ242mの開元環球中心がそびえる

呉禄貞の墓 吴禄贞墓
wú lù zhēn mù ウウルウチェンムウ［★☆☆］

清朝末期に生きた呉禄貞（1880〜1911年）は、張之洞に見出されて湖北省で学び、日本の陸軍士官学校にも留学している。西太后が影響力をもつ清朝のなかで光緒帝親政を目指したが失敗し、その後、1903年に黄興、宋教仁、陳天華らとともに華興会を結成して革命を模索した。孫文らと違って、呉禄貞は清朝官吏という立場にあり、朝鮮との国境地帯である間島問題の処理でも活躍している。呉禄貞は山西革命軍にあたるため、北京を出て石家荘に入っており、山西革命軍と

河北省

の通謀が成功し、この地で清朝打倒をかかげた。結局、1911年、袁世凱の命を受けた部下によって石家荘で暗殺され、翌年、中華民国が成立すると呉禄貞は革命の志士として評価された。当初、呉禄貞の墓は石家荘旧駅のそばにあったが、やがて長安公園の一角に遷された。

河北省博物館 河北省博物馆 hé běi shěng bó wù guǎn
ハァベイシェンボオウウグゥアン ［★★☆］

河北省の歴史や文化、民俗を紹介する文物や遺品が集められた河北省博物館（河北博物院）。1953年、当時の省都だった保定

▲左　河北省から出土した古代の青銅器が展示されている。　▲右　列柱がファザードにならぶ様式の河北省博物館

の古蓮花池院内にあったものを前身とし、1982年に石家荘で開館、1986年に展覧館と博物館をあわせて河北省博物館となった（北側の古い建物は旧共産圏でよく建てられた様式、南側は現代建築）。泥河湾などで見られた原人や化石を展示する「石器時代的河北」、殷で使われた銅器などを展示する「河北商代文明」、戦国燕の都がおかれた燕下都から発掘された「慷慨悲歌〜燕趙故事」、石家荘近郊に都があった遊牧民白狄の建てた中山国の礼器や装飾品をあつかう「戦国雄風〜古中山国」、漢代王族の眠る満城漢墓から発掘された玉や金銀の見られる「大漢絶唱〜満城漢墓」、東魏や北斉代に描かれた「北朝壁画」、曲

陽の石刻の「曲陽石彫」、邢窯や定窯、磁州窯といった河北省の陶磁器をあつかう「名窯名瓷」などの展示内容となっている。

河北省図書館 河北省图书馆 hé běi shěng tú shū guǎn
ハァベイシェントゥシュゥグゥアン [★☆☆]

河北省博物館の南側に位置する河北省図書館。河北省図書館は清朝末期の1909年に保定で開館した歴史をもち、河北省の省都が保定、天津、保定、石家荘と遷るなか、1978年に石家荘に建てられた。現在の図書館は21世紀に入ってから新たに設計された現代建築で、周囲には文京施設が集まる。

国際博覧中心 国际博览中心 guó jì bó lǎn zhōng xīn
グゥオジイボォランチョンシン [★☆☆]

石家荘市街中心部の大型公共施設が立ちならぶ一角に立つ国際博覧中心。北京と天津への地の利をもつ石家荘での、国際会議やビジネス展覧会が開催される。巨大な球形の河北科技館が隣接する。

開元環球中心 开元环球中心 kāi yuán huán qiú zhōng xīn
カァイユゥンフゥアンチィウチョンシン [★☆☆]

石家荘を代表する高さ242mの高層ビルの開元環球中心。オ

河北省

フィスやホテル、レストランなどが入居する複合商業施設で、下層階はレストランや会議施設、中層階はビジネス・オフィス、高層はホテルに使われている。

石家荘電視塔 石家庄电视塔 shí jiā zhuāng diàn shì tǎ
シイジィアチュゥアンディエンシイタア［★★☆］

石家荘市街南東部の世紀公園にそびえる高さ280mの石家荘電視塔。新たな世紀を迎えるにあたって建設が進み、2000年に完成した。3本の足から空に伸びあがる電波塔で、上海の東方明珠塔を思わせる外観をもつ（上層部に展望台がある）。

あたりは緑地や人造湖の広がる世紀公園となっていて、石家荘の発展を模型で展示する石家荘規劃展覧館も位置する。

空中花園 空中花园 kōng zhōng huā yuán
コォンチョンフゥアユゥエン ［★☆☆］

石家荘市街南東部のふたつのビルを空中で結ぶ、渡し廊下に整備された空中花園。高さ30mの空中渡し廊下のなかで、ブーゲンビリアやジャスミンなど熱帯や亜熱帯を産地とする50種類の植物が栽培されている。また内部はテーマパークのようになっていて、水がめぐらされている。石家荘電視塔の南東2km。

Guide,
Cheng Shi Xi Fang
市街西部
城市案内

石家荘旧駅から西側のエリア
1949年の中華人民共和国成立にともなう
モニュメントが残る

中華大街 中华大街
zhōng huá dà jiē チョンフゥアダアジエ ［★☆☆］

石家荘市街西部を南北に走る大動脈の中華大街（中山路より北が中華北大街、南が中華南大街）。戦前、石家荘に暮らした日本人にちなんで日華大街と呼ばれていたが、1949年の中華人民共和国成立以後に現在の名前になった。中山広場、中国人民銀行成立旧址紀念館が位置するほか、大型店舗、ホテルやレストランも軒を連ねる。

河北省

中山広場 中山广场 zhōng shān guǎng chǎng
チョンシャングゥアンチャァン [★☆☆]

石家荘市街西部の中心地で、多くの人でにぎわう中山広場。「新百広場」「国貿新世界」といった複合商業施設が立ち、周囲にはレストランやショップも集まる。この中山広場界隈は戦前からにぎわいを見せていた場所で、石家荘の南花園は「北京天橋（北京庶民でにぎわった）」にもたとえられた。

中国人民銀行成立旧址紀念館 中国人民银行成立旧址纪念馆
zhōng guó rén míng yín háng chéng lì jiù zhǐ jì niàn guǎn
**チョングゥオレンミンイィンハンチャンリイジィウチイジ
イニィエングゥアン** [★☆☆]

中国の中央銀行で現在、北京に本店をもつ中国人民銀行は、1948年12月1日、石家荘で設立された。日中戦争（1937～45年）、国共内戦（1946～49年）のなかで人民解放軍（中国共産党）は、延安から張家口、西柏坡、石家荘へと進出を果たした。石家荘は中国共産党が統治する最初の大都市だったこともあり、それまでばらばらにあった根拠地「辺区」の3つの銀行（華北銀行、北海銀行、西北農民銀行）を統一し

【地図】市街西部の［★☆☆］

- [ ] 中華大街 中华大街 チョンフゥアダアジエ
- [ ] 中山広場 中山广场 チョンシャングゥアンチャァン
- [ ] 中国人民銀行成立旧址紀念館 中国人民银行成立旧址纪念馆 チョングゥオレンミンイィンハンチャンリイジィウチイジイニィエングゥアン
- [ ] 清真寺街 清真寺街 チィンチェンスウジエ
- [ ] 石家荘芸術中心 石家庄艺术中心 シイジィアチュゥアンイイシュウチョンシン
- [ ] 華北烈士陵園 华北烈士陵园 フゥアベイリィエシイリィンユゥエン

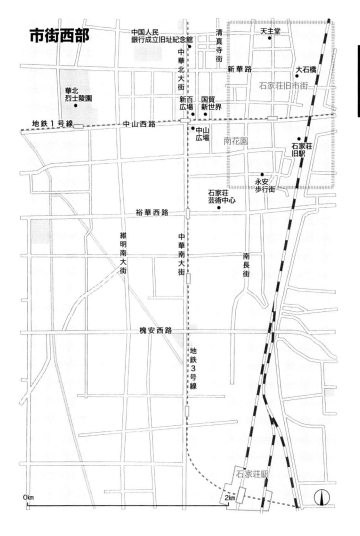

CHINA
河北省

て、中国人民銀行が設立された。中国人民銀行は貨幣の統一、人民元の発行、経済の回復のための資金捻出などの金融政策を行ない、ここ石家荘は解放区の中心地となった。1949年、中国共産党が北京を解放すると、中国人民銀行も北京へ遷った。現在、中国人民銀行成立旧址紀念館は河北錢幣博物館として開館している。

市街西部城市案内 Shijiazhuang

清真寺街 清真寺街 qīng zhēn sì jiē チィンチェンスウジエ［★☆☆］
古い時代の面影を残す石家荘旧市街の一角を走る清真寺街。イスラム教徒の回族が集住し、清真寺ことモスク、ぶた肉を食さない清真料理店がならび、アラビア語の表記やイスラム教の緑色の装飾も見える（回族はペルシャ人やアラブ人を遠い祖先とし、1日5度の礼拝を必要とすることなどから集まって暮らす）。河北にイスラム教徒が多く暮らすようになったのは、北京に遷都した明代永楽帝の時代のことで、運河を通じた運送業に多くの人びとが従事した。「牛肉罩火焼」は石家荘の回族料理として知られる。

河北省

石家荘芸術中心 石家庄艺术中心 shí jiā zhuāng yì shù zhōng xīn
シイジィアチュゥアンイイシュウチョンシン [★☆☆]

クラシック・コンサートや演劇、京劇などが開催される石家荘芸術中心。円形の前方部に、半球形の後方部が組みあわさる特徴的な外観をもつ。

▲左　人民広場に立つ毛沢東像、石家荘は中国共産党にとって重要な意味をもつ街。　▲右　夜の屋台のにぎわい、石家荘旧駅の近くにて

華北烈士陵園 华北烈士陵园 huá běi liè shì líng yuán
フゥアベイリィエシイリィンユゥエン ［★☆☆］

1937〜45年の日中戦争と、1946〜49年の国共内戦で生命を落とした烈士をまつる石家荘烈士陵園。1954年に完成し、石家荘を中心とする華北で生命を落とした2万5000人の中国人が埋葬されている。また中国共産党とともに行動したカナダ人医師ノーマン・ベチューン（白求恩）とインド人医師ゴリバー（柯棣華）の記念碑や肖像、墓も位置する。現在は「和平公園」として整備され、「音楽噴泉広場」「華北革命戦争紀念館」のほか、隣接して「ノーマン・ベチューン国際平和病院」が位置する。

河北省

ノーマン・ベチューンとは

カナダ人医師ノーマン・ベチューン（1890～1939年）は、第一次世界大戦の時代に育ち、1936年ごろから共産主義に接近するようになった。日中戦争勃発翌年の1938年、アメリカ中国救援協会から中国へ派遣され、バンクーバーから汽船に乗って香港、漢口を経由し、中国共産党の拠点のあった延安にたどり着いた。延安で毛沢東や周恩来と会見したベチューンは、中国共産党軍の医療を統括することになり、移動医療班の組織、医療職員たちの教育、戦場や窰洞（洞窟）、仏教寺院での手術を行ない、1日6時間以上は眠らなかった

Shijiazhuang

市街西部城市案内

という。1939年、石家荘病院をたって、中部河北部隊とともに北に向かって進軍したとき、手術中の傷口から敗血症になって生命を落とした。毛沢東は『ベチューンを記念する』という論文を書いて敬意を示し、1952年、ベチューンの墓所と墓石は石家荘に遷された。同年、ベチューンが設立した学校と病院をもとに石家荘でノーマン・ベチューン国際平和病院が設立された。

仏教胡族中世河北の世界

唐王朝を揺るがした未曾有の危機、安史の乱
安史の乱以後も河北ではその一派が居坐り
中央に対して独立的な姿勢をとり続けた

安史の乱と正定

唐代、辺境の異民族に接する地に軍事力をもった節度使がおかれ、安禄山（705〜757年）は范陽節度使（北京、河北）、河東節度使（山西）、平盧節度使（遼寧）を兼務するなど巨大な力をもっていた。この安禄山はソグド系突厥（トルコ人）で、莫大な賄賂を送ることで朝廷にとり入り、玄宗皇帝と楊貴妃の寵愛を受けていた。一方で、楊貴妃の再従兄にあたる楊国忠との対立もあって、755年、安禄山が唐朝に反旗をひるがえす安史の乱が起こった。現在の河北省はこの安史の乱の舞台となり、范陽（北京）から街道にそって怒涛の進軍

CHINA
河北省

を見せた安禄山は洛陽を奪取。「河北に忠臣はいないのか？」と玄宗皇帝をなげかせるなか、安禄山に敢然と立ち向かったのが、書家としても知られる平原太守の顔真卿と、その従父兄で常山（正定）太守の顔杲卿だった。顔杲卿は安禄山のもとで井陘に続く要地の常山（正定）の太守をまかされていたが、顔杲卿が対安禄山軍に立ちあがったことで河北17郡が続き、幽州（北京）と洛陽を分断させた。しかし、のちに安禄山に代わって乱を継ぐ史思明が、攻勢をかけたことで常山（正定）は陥落した。史思明（〜761年）は安禄山と同じく突厥系の胡人（非漢民族）であった。

河朔三鎮（河北三鎮）の展開

安史の乱を受けて四川へ都落ちした玄宗皇帝も、ウイグル軍の唐朝へ援助と、唐朝による反乱軍への懐柔政策によって勢力をもり返していた。安禄山の配下だった武将たちは、節度使のポストを約束されて唐側に投降したため、反乱軍の勢力は旗色を変えてそのまま温存された。成徳節度使（河北正定）の李宝臣、幽州節度使（范陽）の李懐仙、魏博節度使（河北大名）の田承嗣がそれで、安史の乱のさなか正定の守備についていた李宝臣は、その軍事力のまま唐に帰順した。これらの節度使を「河朔三鎮」と呼び、互いに婚姻関係を結んで節

【MEMO】

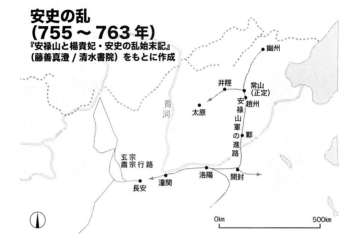

CHINA
河北省

度使を世襲し、唐朝に税をおさめないなど半独立的な立場をとった。こうした事態は安禄山の目指した世界がそのまま部下たちによって受け継がれたとも言える。隋唐以前、東魏と西魏、北斉と北周のように太行山脈をはさんで国家がわかれていたことが示すように、河北では長安(漢中)に対する根強い抵抗心があった(物産や経済力では東の河北側のほうがうえだった)。また安史の乱(755〜763年)収束後も、幽州では安禄山や史思明が神としてまつられたという。

仏教胡族中世河北の世界 Shijiazhuang

河朔三鎮下の仏教

河朔三鎮では節度使自身が胡人（非漢族）であるなど、いずれも北方民族と強いつながりをもち、武人社会を形成していた。北方民族のあいだでは非中国のインドで生まれた仏教が信仰される傾向があったが、とくに新興の権力者となった河朔三鎮にとって、古い伝統と権威に対する文化として仏教が注目された。845年、会昌の廃仏で唐王朝による仏教寺院の破壊、仏教僧の還俗が進められるなか、河朔三鎮では依然、仏教が篤く信仰された。このとき、唐を旅した円仁（794〜864年）は「唯河已北の鎮・幽・魏・潞等の四節度使は元来

CHINA
河北省

仏教を敬重す」と記しているほか、破仏をうながす朝廷の勅使に対して、河朔三鎮側は「破仏を行ないたければ、天子自ら出向いて来られるがよろしかろう」といった態度をとったという。（河朔三鎮以外の）華北で仏教文化が途絶えいく一方、臨済義玄（〜866年）は正定の藩鎮王氏の帰依を受けて、滹沱河のほとりに庵を結び、臨済宗を広めた。この正定の臨済義玄（〜867年）と、石家荘南東に位置する趙州の趙州従諗（778〜897年）は同時代、ほとんど同じ場所に生き、日本の禅宗に大きな影響をあたえた。

【地図】石家荘から正定

【地図】石家荘から正定の［★★★］
- □ 正定 正定チェンディン
- □ 隆興寺 隆興寺ロォンシィンスウ

【地図】石家荘から正定の［★★☆］
- □ 石家荘旧駅 石家庄站旧址 シイジィアチュゥアンチャンジィウチイ
- □ 中山路 中山路チョンシャンルウ
- □ 石家荘電視塔 石家庄电视塔 シイジィアチュゥアンディエンシイタア
- □ 開元寺 开元寺カァイユュエンスウ
- □ 毘盧寺 毗卢寺ピイルウスウ

【地図】石家荘から正定の［★☆☆］
- □ 人民広場 人民广场レンミングゥアンチャン
- □ 空中花園 空中花园コォンチョンフゥアユュエン
- □ 中華大街 中华大街チョンフゥアダアジェ
- □ 中山広場 中山广场チョンシャングゥアンチャン
- □ 華北烈士陵園 华北烈士陵园 フゥアベイリィエシイリィンユュエン
- □ 滹沱河 滹沱河フウトゥオハア
- □ 橋西野菜卸売場 桥西蔬菜批发市场 チャオシイシュウツァイピイファアシイチャァン

石家荘
から正定

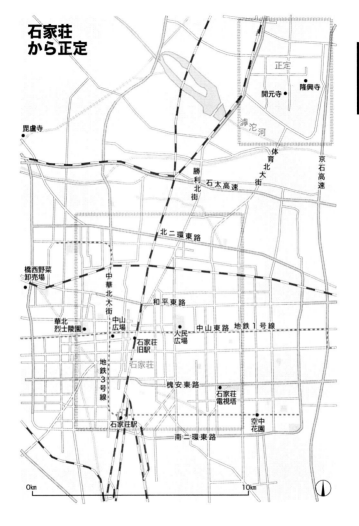

Shijiazhuang

仏教胡族中世河北の世界

Guide, Zheng Ding
正定
城市案内

CHINA
河北省

北京、保定とともに北方三雄鎮にもあげられる正定
そびえる仏塔、古刹の大伽藍
隋唐以前から続く華北県城の姿

正定 正定 zhèng dìng チェンディン ［★★★］

幽州（北京）と洛陽を結ぶ街道、井陘から太行山脈を越えて山西省へ続く要衝にあたり、石家荘発展以前の中心地だった古都の正定。この地には戦国時代（紀元前453～前221年）から都市があり、紀元前196年の漢代に「真正安定」を意味する真定県がおかれ、その後、常山や恒山と呼ばれたほか、唐代の820年に定められた鎮州、五代の真定府の名でも知られた。とくに安史の乱(755～763年)では戦いの舞台となり、その後、唐朝に対して独立的な立場をとった河朔三鎮の成徳節度使（河北正定）の統治下では仏教が栄えた。隋代の古刹

Shijiazhuang 正定城市案内

隆興寺、唐代の開元寺はじめ、かつて「九楼、四塔、八大寺」と呼ばれた華北でも有数の仏教文化をもつ街でもあった。また続く元代、正定は河北では北京に準じる繁栄を見せ、明清時代は各地を往来する山西商人が拠点を構え、驢馬などの家畜、綿花市、米や穀物市が立ち、近郊の物資を集散する経済都市となっていた（清代の 1723 年に真定から正定と名称が変わり、現在にいたる）。20 世紀に入って、北京と南中国を結ぶ鉄道、太行山脈を越える東西の鉄道が敷設され、それが正定の南 15kmの石家荘で交わると、正定の繁栄は石家荘に遷った。

【地図】正定

【地図】正定の [★★★]
- 正定 正定チェンディン
- 隆興寺 隆兴寺ロゥンシィンスウ

【地図】正定の [★★☆]
- 趙雲廟 赵云庙チャオユゥンミャオ
- 開元寺 开元寺カァイユゥエンスウ
- 臨済寺澄霊塔 临济寺澄灵塔 リンジイスウチェンリィンタア
- 広恵寺華塔 广惠寺华塔グゥアンフイスウフゥアタア

【地図】正定の [★☆☆]
- 栄国府 荣国府ロングゥオフウ
- 燕趙大街 燕赵大街イェンチャオダアジエ
- 文廟 文庙ウェンミャオ
- 長楽門 长乐门チャンラアメン
- 滹沱河 滹沱河フウトゥオハア

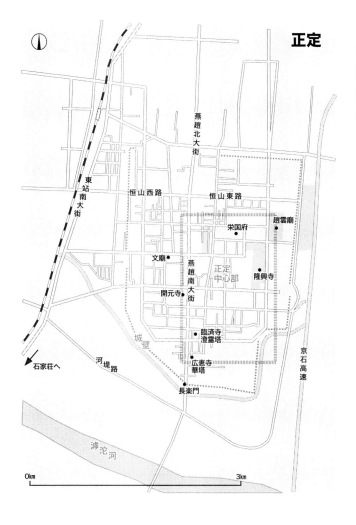

【MEMO】

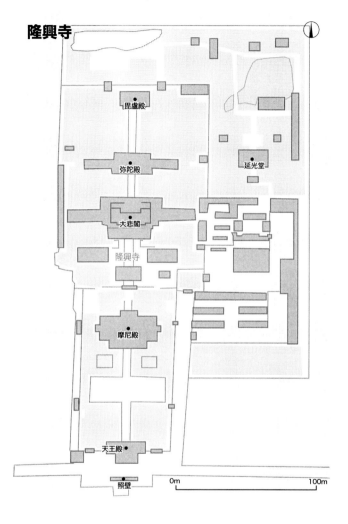

河北省

隆興寺 隆兴寺 lóng xìng sì ロォンシィンスウ［★★★］

正定を代表する古刹で、堂々とした仏教伽藍を見せる隆興寺。隋代の恒州刺史の王孝僊が586年に建立し、当時は龍蔵寺の名前で知られていたが、宋代の971年に大きく改修されて、清の康熙帝時代に隆興寺となった（中国臨済宗の生まれた唐代の正定を伝える『臨済録』でも、「来日、大悲院裏に斎有り」という記述が見られる）。三路単孔石橋から奥に伽藍が続き、1052年に建てられ、十字型のプランをもつ「摩尼殿」、銅製の大悲菩薩を安置する高さ33mの「大悲閣」、隋代の586年に刻まれた「龍蔵寺碑」などが立つ。唐代の中宗の即位にあ

▲左　隋代から続く古刹の隆興寺。　▲右　高さ19.2mの大悲菩薩、千の手で人びとの願いをかなえる

わせて中国各地に整備された官立寺院の龍興寺のなかでも、この隆興寺（龍興寺）が現存するもっとも古いもので、金、元、明、清時代に改修されてきたが、宋代の仏教伽藍のたたずまいを今も残す。

隆興寺の大悲菩薩

隆興寺大悲閣におさめられた高さ19.2mの大悲菩薩（千手千眼観音）は滄州獅子と応州塔、正定菩薩に趙州橋とともに「華北四宝」のひとつにあげられる。契丹の侵略で大悲閣が焼けたあと、のちに宋を樹立する趙匡胤（927〜976年）は

河北省

隆興寺に立ち寄ったものの、仏像は破壊されてしまっていた。そこで「自分が勝利を得たなら、(隆興寺に) 仏像を贈ろう」と約束し、宋の太祖となった趙匡胤によって、971年、仏像が重修された。大悲菩薩は隆興寺の代名詞とも言え、この仏像をとって「大仏寺」とも呼ばれる。

栄国府 荣国府 róng guó fǔ ロングゥオフウ ［★☆☆］
没落していく清朝貴族を描いた小説『紅楼夢』の世界を再現した栄国府。明清時代の雰囲気をもつ栄国府の門前町を通ってなかに入ると、瑠璃色装飾の牌楼が立ち、中庭の連続する

▲左　栄国府界隈の街並み。　▲右　三国志の英雄をまつる趙雲廟

四合院建築、庭園などが続く。212間の部屋には清朝貴族風の調度品が見られ、『紅楼夢』の世界を思わせる。この正定の栄国府は20世紀末になって建てられ、『紅楼夢』『雪山飛狐』『康熙微服私訪記』といった中国テレビドラマの撮影にも使われている。また『紅楼夢』の作者にまつわる正定曹雪芹紀念館も位置する。

趙雲廟 赵云庙 zhào yún miào チャオユゥンミャオ[★★☆]
関羽、張飛とともに劉備を支えた三国志の英雄趙雲は、常山郡真定県（正定）の人と伝えられる。はじめ袁紹、のちに公

【地図】正定中心部

【地図】正定中心部の [★★★]
- ☐ 正定 正定チェンディン
- ☐ 隆興寺 隆兴寺ロォンシィンスウ

【地図】正定中心部の [★★☆]
- ☐ 趙雲廟 赵云庙チャオユゥンミャオ
- ☐ 開元寺 开元寺カァイユゥエンスウ
- ☐ 臨済寺澄霊塔 临济寺澄灵塔
  リンジイスウチェンリィンタア
- ☐ 広恵寺華塔 广惠寺华塔グゥアンフイスウフゥアタア

【地図】正定中心部の [★☆☆]
- ☐ 栄国府 荣国府ロングゥオフウ
- ☐ 天寧寺凌霄塔 天宁寺凌霄塔
  ティエンニィンスウリィンシャオタア
- ☐ 燕趙大街 燕赵大街イェンチャオダアジエ
- ☐ 唐朝古碑 唐朝古碑タァンチャオグウベイ

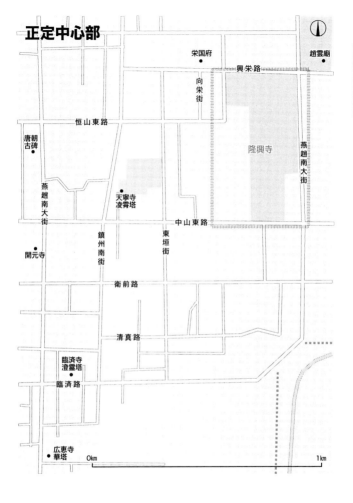

CHINA
河北省

孫瓚に仕えたが、公孫瓚の客人だった劉備に出合って忠誠を誓った。趙雲廟は『三国志』の伝承をもとに1996年に「趙雲故郷」として正定に整備された。馬に乗った趙雲、四義殿、五虎殿、君臣殿、順平候殿と中軸線上に伽藍が続き、廟内には趙雲が活躍する場面が彫像や絵画で表現されている。とくに趙雲は100万の曹操軍のなかをたった1騎でかけ抜けて劉備の甘夫人と阿斗（劉禅）を助けだす「長坂坡の戦い」での活躍が知られる。冷静沈着、主君への篤い忠誠心といったところから、理想的な武将にあげられ、「常山の趙子龍」と天下に名前が知られていた。

開元寺 开元寺 kāi yuán sì カァイユゥエンスウ ［★★☆］

正定の中心部に立ち、仏塔と鐘楼が残る開元寺。もともとこの寺は東魏時代の540年に静観寺として創建され、591年、解慧寺と改名された。738年（開元年間）、唐の玄宗皇帝の命で全国各地に官寺が建立されたのにあわせて開元寺と改名されて、現在にいたる。開元寺磚塔は867年に建てられ、高さ48m、九層の姿は、西安の小雁塔にもくらべられる（明清時代に改修されているが、唐代の様式をもつ）。また高さ14mの鐘楼、神獣の彫像や唐代の石碑も残り、唐代から開元寺の場所は1000年以上、変わっていないという。

河北省

シルクロードとソグド人

薄くて、軽やか、艶のある中国の特産品「絹（絹織物)」。ローマ人はじめ、西方の人びとが求めた中国の絹は、シルクロードを通じて中央アジアを本拠とするイラン系商人のソグド人によって運ばれた。ソグド人は魏晋南北朝時代から中国に移住し、鄴や洛陽など街道上の主要都市に集落を構え、7世紀の正定でもソグド人の足あとが確認されている（街道上の商店、ホテル、レストラン、倉庫をかねた宿場を経営した)。唐代の河北は絹の産地として知られ、また河北省定州からはササン朝ペルシャの銀貨やガラス器などが発掘された。ソグ

▲左　ソグド人にまつわる碑文も残る開元寺。　▲右　正定には様式の異なるいくつもの仏塔が立つ、天寧寺凌霄塔にて

ド人は出身地にあわせて安、康、米、何、史、石、曹などの名前を名乗り、彼らの宗教ゾロアスター教も当時の中国に伝わっている。

天寧寺凌霄塔 天宁寺凌霄塔 tiān níng sì líng xiāo tǎ
ティエンニィンスウリィンシャオタア［★☆☆］

かつてあった天寧寺のうち、殿宇が消失し、仏塔だけが残る天寧寺凌霄塔。八角九層の凌霄塔は唐代の創建で、明の1448年に重建された。塔の外壁を磚で覆ってあるが、構造は木造のため木塔と俗称される。『臨済録勘弁』に登場する

河北省

木塔長老はこの天寧寺の住持のことで、凌霄塔（木塔）の基壇からは地宮も発見されている。

燕趙大街 燕赵大街
yàn zhào dà jiē イェンチャオダアジエ [★☆☆]

燕趙大街は正定の南北を走る目抜き通り。河北省は古代の燕と趙にあたることから、「燕趙の地」とされ、正定は現在の北京あたりにあった「燕」と邯鄲にあった「趙」の中間に位置した。また燕と正定近くの趙州をめぐる唐代の話も伝わっている。燕軍が趙州を攻撃する際、「そこには聖人がいるた

めに勝つことができない」と進言する者があった。そこで燕と趙州の王は酒席をならべて互いの面子を立てあったという。このときの聖人が趙州に住し、日本の禅宗にも影響をあたえた趙州従諗（778〜897年）だと伝えられる。

唐朝古碑 唐朝古碑
táng cháo gǔ bēi タァンチャオグウベイ ［★☆☆］
755〜763年の安史の乱で唐に帰順し、正定を拠点とした唐代藩鎮の李宝臣が766年に建てた唐朝古碑（当時の華北の状況が記されている）。李宝臣は北方の奚族出身で、もとは張

CHINA
河北省

忠志といい、安史の乱で唐朝を脅かした。こうしたなか唐朝からの誘いもあって、趙・定・深・恒・易州をもって投降し、成徳節度使に任じられ、成徳節度使の会府は、恒州こと正定におかれた（李宝臣という名前は唐朝から授けられた皇帝と同じ「李」姓の賜姓名）。李宝臣の家系以後、成徳節度使は契丹族の王武俊の一族、また9世紀初頭からウイグル族の王延湊の一族が世襲していった。成徳節度使をはじめ河北の節度使（河朔三鎮）は唐朝に対して半独立的な立場をとり、その統治下で仏教や商業は栄えた。河朔三鎮は武人社会だったが、やがて儒教的な教養も重んじられ、科挙に合格している

ものの官吏に任命されていない漢族の文人が官吏として採用されたという。

文廟 文庙 wén miào ウェンミャオ ［★☆☆］
正定市街の中心部に立つ、学問の神さま孔子をまつった文廟。中軸線上に建物が続き、とくに五代（907〜960年）創建の大成殿が名高い（現在の伽藍は明代の1374年に建てられたもの）。こちらは県文廟で、常山東路路南には1070年創建で重修された府文廟も残る。

河北省

臨済寺澄霊塔 临济寺澄灵塔
lín jì sì chéng líng tǎ リンジイスウチェンリィンタア［★★☆］

日本の禅宗にも多大な影響をあたえた「中国臨済宗の開祖」臨済義玄をまつる臨済寺澄霊塔。八角九層、高さ30mになり、各層の軒を密接して重ねる密檐式塔の様式をもつ。臨済義玄は死後、荼毘にふされ、その舎利は禅師のなくなった大名興化寺と、教えを説いた正定臨済院におさめた（臨済院は、正定南東部の滹沱河ほとりにあった）。臨済寺澄霊塔は東魏の540年に建てられた仏塔をはじまりとし、現在の臨済寺澄霊塔は1185年、金の侵入で破壊された臨済義玄の仏塔が再建

▲左　臨済義玄の舎利をおさめる臨済寺澄霊塔。　▲右　唐朝中後期の悩みの種でもあった河朔三鎮ゆかりの唐朝古碑

されたもの。そのため遼金時代の塔によく見られる密檐式塔（各層の軒を密接して重ねる）の様式をもち、八角九層、高さ30mになる。かつては青い屋根瓦がふかれていたことから、「青塔」とも呼ばれ、何度も修築を繰り返して現在にいたる。

臨済宗発祥の地

代表的な仏教禅宗のひとつ臨済宗は、この宗派を創始した臨済義玄（〜867年）が正定滹沱河のほとりに小院を開いたことに由来する（臨済とは、滹沱河の「渡し場」こと「済」に「臨」

CHINA
河北省

むという意味)。山東省に生まれた臨済義玄は、黄檗希運のもとで修行し、そこから854年、正定を訪れた。当時の正定は「河朔三鎮」と呼ばれる新興の藩鎮（軍人）の勢力下にあり、その王常侍が臨済に説法を願い、臨済宗の保護者となった。臨済院には臨済義玄のほか普化和尚、克符といった仏僧がいて、臨済は実践を重視する禅を説いた（当時、河北は五台山を中心とする華厳宗の文殊菩薩信仰の影響下にあったが、臨済義玄のそれは新しい仏教だった）。あるときは滹沱河のほとりで、あるときは軍営で修行や説法にあたった臨済はやがて河北省大名府の興化寺に移り、867年、その地でなくなっ

た。この臨済の言動は『臨済録』として伝えられ、唐に続く宋代、弟子たちの活躍もあって臨済宗は広まっていった。日本に伝わった禅宗のうち、多くが臨済宗の系統にあたり、とくに栄西が南宋から伝えた臨済宗は道元の伝えた曹洞宗とともに日本を代表する禅宗となっている。

広恵寺華塔 广惠寺华塔
guǎng huì sì huá tǎ グゥアンフイスウフゥアタア [★★☆]

正定旧城の南端に立つ高さ40.5mの広恵寺華塔。唐代の貞元年間（976〜978年）に建てられ、以来、いくども改修さ

河北省

れた(かつて広恵寺があったが、現在ではこの華塔のみが残る)。八角形のプランを組合わせた三層からなる仏塔で、とくに上層部の円すい形の塔身には虎、獅子、象、龍の彫刻が見える。清の乾隆帝(在位 1735 ~ 95 年)はこの塔を好み、何度も訪れたという。

長楽門 长乐门 zhǎng lè mén チャンラアメン [★☆☆]

正定県城の南門(正門)にあたった長楽門。正定は周囲 12km、高さ 10m の城壁をめぐらせ、唐代の 762 年に造営された古い城壁も残る。この南門の長楽門のほか、東に迎旭門、西に

▲左　中国ではめずらしい様式の仏塔の広恵寺華塔。　▲右　正定の南門にあたる長楽門

鎮遠門、北に永安門が設置されていた。現在見られる城壁は明代に修建されたものとなっている。

元代の日本人僧

日宋貿易で南宋（1127〜1279年）の仏教やお茶など優れた中国文化が日本に輸入され、その窓口となったのが都杭州に近い寧波だった。南宋に替わった元は北京を都とし、日本と中国のあいだに国交はなかったが、仏教僧を中心に中国への渡航は続いた。河北真定（正定）に足を踏み入れた鎌倉仏教僧には、雪村友梅（1290〜1346年）がいて、18歳で入元し、

CHINA
河北省

北京で過ごしたあと、臨済寺に宿泊し「臨済塔を拝す（「滹沱流恨不流恩」）」という詩を書いている。また大陸布教を試みた日蓮の弟子の日持（1250年〜）は真定（正定）、保定、定州などで説法し、河北宣化でなくなったと伝えられる。元代の真定（正定）は河北では北京につぐ繁栄を見せていたという。

正定城市案内 Shijiazhuang

滹沱河 滹沱河 hū tuó hé フウトゥオハア ［★☆☆］
石家荘と正定のあいだを流れる全長540kmの滹沱河。山西省泰戯山から流れ、海河水系の子牙河に合流し、やがて天津から渤海湾に入る。石家荘東部の平原はこの滹沱河の土砂によって形成され、滹沱河の灌漑によって水稲と小麦の１年二毛作が行なわれてきた。上流の黄土高原から運ばれる黄土をふくむことから、泥砂が多く、大型船の遡行は困難で、小型木造船が往来した。また滹沱河のほとりは華北ではめずらしい緑に包まれた滹沱河城市森林公園として整備されている。

河北省

滹沱河を渡った劉秀

前漢(紀元前202〜8年)にとって替わった王莽の新(9〜23年)。のちに後漢(25〜220年)を樹立する劉秀は王莽に追われ、滹沱河が劉秀の行き先をふせいで絶体絶命となった。そのとき劉秀が「河よ、凍ってくれ」と祈ると滹沱河は凍り、劉秀が渡り終えると再び流れはじめ、王莽の軍の進軍を防いだという。劉秀は石家荘南50kmの河北高邑で諸将から推挙を受け、後漢皇帝に即位した。

毘盧寺 毗卢寺 pí lú sì ピイルウスウ ［★★☆］

石家荘市街から北西10kmの地点、運河にのぞむように立つ古刹の毘盧寺。唐代の天宝年間（742〜756年）に創建され、その後、元代の1342年、明代の1534年に重修されている。釈迦殿と毘盧殿が現存し、釈迦殿の壁には仏教説話がほどこされ、毘盧殿に安置された毘盧遮那仏や香花菩薩の石刻脇侍像のほか、境内には宋、金、元、明、清代の碑刻が残る。また明代の1534年、毘盧寺が再建されたとき、史上はじめて石家荘の村について記述が見られるという。

河北省

橋西野菜卸売場 桥西蔬菜批发市场
qiáo xī shū cài pī fā shì chǎng
チャオシイシュウツァイピイファアシイチャァン [★☆☆]

野菜、果物、肉や卵など石家荘周辺の農村で収穫された食料品が集まる橋西野菜卸売場。かつては石家荘市街部にあったが、1989年、市街部と農村部を結ぶこの地で開設された。石家荘市街中心部から西に5km、西二環北路と石太線(正太鉄道)の交わる地点に位置する。

**Guide,
Xi Jiao Qu**

西郊外
城市案内

CHINA
河北省

強国の趙、魏、燕などに囲まれた戦国時代の中山国
太行山脈東麓、滹沱河を通じて
平原部に出る要衝の地に都が築かれていた

中山古城遺址 中山古城遗址 zhōng shān gǔ chéng yí zhǐ
チョンシャングウチャンイイチイ ［★★☆］

紀元前380年前後の桓公の時代から、紀元前295年に滅びるまで中山国の都がおかれていた霊寿の中山古城遺址。この中山国は漢族ではない北方遊牧民の白狄が建国し、「史書のない国」としてその多くが謎とされてきた（司馬遷『史記』には「中山の武公は顧（定県）に居し、桓公は霊寿にうつる」と記されている）。こうしたなか、1974年に農民が19の文字の彫られた河光石を発見し、そこから東西3km、南北4kmの規模の中山古城遺址の発掘がはじまった。30もの墳墓から総数19000

Shijiazhuang 西郊外城市案内

点あまりの文物が出土し、中山王馨の墓に安置されていた青銅器、酒の壺、礼器、鉄足大鼎、円壺、銀製の貨幣、銅鉞、建築平面図の「兆域図」が当時の状況を知るうえで多大な影響を果たした（一辺29mの方形の竪穴）。中山古城遺址の出土品からは袖がせまく、腰をベルトでしめる北方民族の服装、天幕（テント）をはるための組み立て金具なども見られ、中原と北方双方の文化の融合が確認できる（西方のスキタイとの関係も指摘される翼をもつ動物の彫像も出土している）。装飾品や装身具からは中山国の卓越した高い技術がうかがえるが、漢代以後も中山一帯の工芸は広く知られていたという。

【地図】石家荘西郊外の [★★☆]

- ☐ 中山古城遺址 中山古城遗址 チョンシャングウチャンイイチイ
- ☐ 西柏坡中共中央旧址 西柏坡中共中央旧址 シイバイポオチョンゴンチョンヤンジィウチイ
- ☐ 毘盧寺 毗卢寺 ピイルウスウ

【地図】石家荘西郊外の [★☆☆]

- ☐ 井陘 井陉 ジィンシィン
- ☐ 封龍書院 封龙书院 フェンロォンシュウユゥエン
- ☐ 蒼巌山 苍巌山 ツァンヤンシャン
- ☐ 滹沱河 滹沱河 フウトゥオハア
- ☐ 橋西野菜卸売場 桥西蔬菜批发市场 チャオシイシュウツァイピイファアシイチャァン

石家荘西郊外

Shijiazhuang

西郊外城市案内

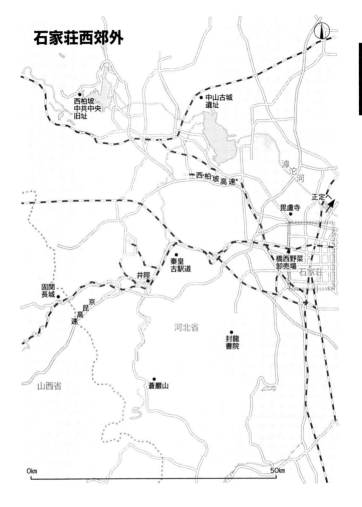

【MEMO】

戦国時代と中山国
（紀元前5〜前3世紀）

兆域図（中山国王墓の設計図）

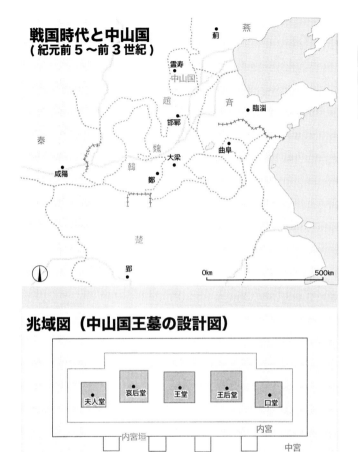

河北省

中山国とは

魏、趙、韓、斉、楚、燕、秦などの「万乗の国(戦国七雄)」に対して、中山国は東西の周、宋、衛とともにそれに準ずる「千乗の国」とされた。紀元前8世紀ごろ、中原の混乱に乗じて、陝西省北部や山西省北部にいた白狄が移住してきて、鮮虞という国のあったこの地を拠点とした。言語、衣服、飲食、居住形態などで、中原の国(諸夏)とは異なり、当初、王号を名乗ることを認められていなかったが、やがて国力、兵力の増大とともに中山王と名乗った(当初は「戎狄」と蔑まれていたが、中原の文明をとり入れて漢族化し、文明国家の一員

西郊外城市案内 | Shijiazhuang

となった)。中山国は紀元前414年に都を定県においたのち、いったん紀元前409年に魏に滅ぼされた。その後、紀元前380年前後に桓公によって再興されて霊寿に都がおかれ、紀元前369年には長城を築いたと記録されている。中山国をはじめとする北方民族の戦闘方法は、南の趙に「胡服騎射」と採用されるなど、強い軍事力をもったが、紀元前295年、趙によって滅ぼされた。

CHINA
河北省

中山の酒

中山国では、酒が国家の礼制に影響力をもち、高い醸造技術をもつことで知られた。中山王馨の墓からはいくつかの青銅酒壺が出土し、うちふたつの壺には酒が入っていた。銅の錆で密封された酒壺を開けると、2000年以上のときをへているにも関わらず、酒の香りがただよったという（翡翠のような緑色で、液体は澄み、乳酒か穀物から醸造したものだとされる）。こうした中山国の酒づくりは有名で、昔むかし、名人狄希のつくる一度飲むと千日間酔い続ける「千日春」という名酒があった。そこへ劉玄石という酒飲みがやってきて、

狄希の戒めを聞かずに寝かしたりていない「千日春」を飲んだ。すると劉玄石は死んでしまったが、しばらくして狄希が「そろそろ醒めるはず」と言うと、劉玄石はあくびをしながら墓から出てきた。劉玄石の酒気のせいで周囲の人びとは3か月酔いつぶれてしまったという。

恩知らずの中山狼

中山国を舞台にした話で、明代、雑劇で親しまれた恩知らずの狼にまつわる『中山狼』。昔むかし、晋の国の趙鞅は従者を引き連れて中山国に猟に出かけ、弓で狼を追いこんだ。狼

CHINA
河北省

は助けを求めて逃げ、そこに居合わせた東郭先生は狼の足をしばって袋のなかに入れて追ってくる趙簡の目をごまかした。その後、狼は「肘に刺さった矢が痛い」というので、東郭先生は引き抜いて狼を助けた。すると狼は「空腹で餓死しそうだから、あなたを食べさせてください」と言った。東郭先生は狼の言動に驚いて、ひとまず3人の老者に聞いてみようと提案した。「昔は実を結んで人間に喜ばれたが、老いると大工が木材にして売ろうとした」と言った杏の老木。「昔は人間のために農耕にはげんだが、老いて働けなくなると人間は自分を食べようとした」と言った老牛。いずれも狼を支

▲左　鮮烈な紅色、中国共産党のモニュメント。　▲右　河北省博物館で見られる中山国の武具

持する答えを述べ、3番目に杖をついた老人（人間）は話を聞くと杖で狼をたたき、「あなた（東郭先生）の仁心は馬鹿げている」と告げ、最後に東郭先生が剣で狼を殺した。

西柏坡中共中央旧址 西柏坡中共中央旧址
xī bǎi pō zhōng gòng zhōng yāng jiù zhǐ
シイバイポオチョンゴンチョンヤンジィウチイ［★★☆］

1937〜45年の日中戦争、1946〜49年の国共内戦を戦った中国共産党が拠点とした西柏坡中共中央旧址。共産党軍は延安を中心に、太行山脈の根拠地、各地の農村根拠地で活動を

CHINA
河北省

続け、1948年5月から49年3月まで太行山脈柏坡嶺の東麓の西柏坡に党中央（中国共産党中央委員会）をおいていた。毛沢東、周恩来、朱徳、劉少奇、任弼時の像や旧居が残り、毛沢東はここで多くの著作を著して、中国解放に向けて最後の作戦をたてた。前方には湖が広がり、三方を山に囲まれた小さな村に過ぎなかったが、この西柏坡以後、中国共産党の活動拠点が農村から都市へ遷ることになった（華北平原を睥睨し、石家荘から北京へと進軍した）。そのため、西柏坡は韶山、井崗山、延安とならぶ革命の聖地とされ、「新中國從這裡走來（新中国はここからやってきた）」と言われる。

Shijiazhuang ｜ 西郊外城市案内

井陘 井陉 jǐng xíng ジィンシィン ［★☆☆］

河北省と山西省のあいだを南北に走る長さ400㎞の太行山脈。華北平原と黄土高原をわけるこの太行山脈を横切る峠は8つあり、古来、「太行八陘」と呼ばれていた。そのなかでも井陘は正定（石家荘）と太原を結ぶ主要な要衝で、「井陘口」「土門関」「娘子関」といった名前ももつ。近くに始皇帝の馬車が走った「秦皇古駅道」が残るほか、紀元前204年、武将韓信がこの地であえて味方が逃げられないよう川を背にし、決死の覚悟の「背水の陣」をしいて趙軍に勝利したという話も伝わる。正定や石家荘の発展は太行山脈を越える井陘に続

く地の利によるところが大きく、豊富な石炭の埋蔵量で知られる井陘炭鉱も位置する。

封龍書院 封龙书院
fēng lóng shū yuàn フェンロォンシュウユゥエン [★☆☆]

漢代から名山と知られた標高800mの封龍山に立つ封龍書院。後漢時代、石家荘あたりには常山王国がおかれ、その中心は元氏県にあった（石家荘南35km）。封龍書院には常山王国の政治や社会状況を記した「祀三公山碑」「白石神君碑」が残り、漢碑堂のなかにおかれている。また時代をくだって

も、封龍書院は学問、教育の拠点という性格が続き、とくに北宋時代、河北を代表する書院と知られた。

蒼巖山 苍巖山 cāng yán shān ツァンヤンシャン［★☆☆］
奇岩や幽谷、楼閣や亭が点在し、風景区に指定されている蒼巖山。隋の妙陽公主（文帝の娘）が修行したとも、南陽公主（煬帝の長女）が出家して尼になったとも伝えられる「福慶寺」、清代に建てられた地上から52mの石橋に立つ「橋楼殿」などが点在する。石家荘から南西に50km。

Guide,
Dong Nan Jiao Qu
南東郊外
城市案内

隋代に架橋された美しいアーチの趙州橋
730年のあいだその梁間が
世界最長だったという驚異の石橋

趙県 赵县 zhào xiàn チャオシィエン ［★★☆］

正定とともに河北中部（冀中）を代表する古都の趙県は、長いあいだ、趙州の名で知られてきた。古来、幽州（北京）からの街道が正定、趙州を通り、洛陽へ伸びていたことから、往来する多くの旅人の姿があった。隋代、「四通之城」と呼ばれ、交通の要衝となっていた趙州の郊外にかけられた見事なアーチを描く趙州橋が残っている。また正定とともに、唐代中期以後は河朔三鎮の統治下に入り、臨済宗の臨済義玄とならび称される趙州従諗がこの地を拠点とした（禅僧は自らの名前をもたず、街や山、寺院などで呼ばれた）。そうした

河北省

ことから、河北でも有数の伝統文化を残す街となっている。石家荘の南東45km。

柏林禅寺 柏林禅寺
bó lín chán sì ボオリィンチャンスウ [★☆☆]

仏教が中国に伝わったばかりの漢の献帝（196〜220年）時代に創建された由緒正しい柏林禅寺。唐代は観音院の名前で知られ、玄奘三蔵（602〜664年）はインドにおもむく前の622年、この寺院に身を寄せていた。また（柏林禅寺）東院に趙州従諗（778〜897年）が80歳になって従事し、120歳

まで生きたという（僧が問う「達磨大師がインドからやって来た意図は、如何なるものか」。趙州いわく「庭さきのヒノキ」といった禅問答で知られる）。南宋時代に永安院、金代に柏林禅院と呼ばれ、禅宗の伝統を現在に伝えるほか、宋代の1038年に建てられた八角多層の仏塔、黄色の瑠璃瓦でふかれた伽藍が残る。

永通橋 永通桥 yǒng tōng qiáo ヨォントォンチャオ［★☆☆］
かつて、趙州県城の西門外を流れていた清水河にかかる永通橋。唐代の765年に建設されたのち、いくども改修され、

【地図】石家荘南東郊外

【地図】石家荘南東郊外の［★★★］
- 趙州橋 赵州桥チャオチョウチャオ
- 正定 正定チェンディン

【地図】石家荘南東郊外の［★★☆］
- 趙県 赵县チャオシィエン
- 石家荘旧駅 石家庄站旧址 シイジィアチュゥアンチャンジィウチイ
- 石家荘電視塔 石家庄电视塔 シイジィアチュゥアンディエンシイタア

【地図】石家荘南東郊外の［★☆☆］
- 石家荘高新区 石家庄高新区 シイジィアチュゥアンガオシィンチュウ
- 天山海世界 天山海世界ティエンシャンハァイシイジエ
- 藁城県台西村 藁城县台西村 ガオチャンシィエンタァイシイツゥン
- 滹沱河 滹沱河フウトゥオハア

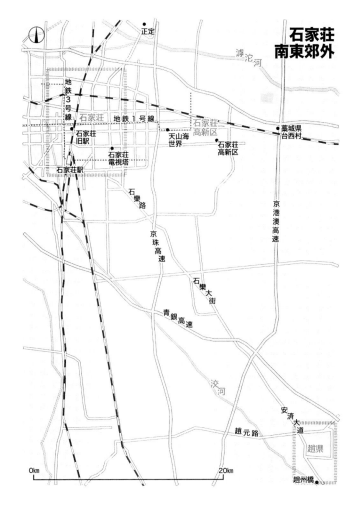

【地図】趙県

【地図】趙県の [★★★]
- [ ] 趙州橋 赵州桥 チャオチョウチャオ

【地図】趙県の [★★☆]
- [ ] 趙県 赵县 チャオシィエン

【地図】趙県の [★☆☆]
- [ ] 柏林禅寺 柏林禅寺 ボオリィンチャンスウ
- [ ] 永通橋 永通桥 ヨォントォンチャオ

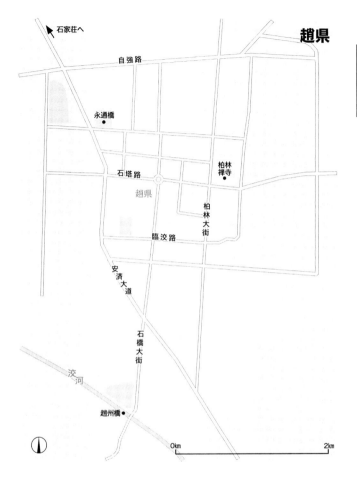

CHINA
河北省

金代の明昌年間（1190〜95年）に現在の姿となった。全長32m、趙州橋と同じかたちのアーチをもち、欄干には浮き彫りがほどこされている。趙州橋（安済橋）を「大石橋」と呼ぶのに対して、こちらの永通橋は「小石橋」と呼ばれる。河道がかわったため、陸地橋となった。

趙州橋 赵州桥 zhào zhōu qiáo チャオチョウチャオ[★★★]
趙州から南に2.5km、洨河にかかる虹のように壮麗な趙州橋（安済橋、大石橋）。「奇巧にして固護たること、天下に甲たり」と言われ、滄州獅子と応州塔、正定菩薩に趙州橋とともに華北四

▲左　乾いた大地、ひたすら趙州橋へ続く道　▲右　中国を代表する橋の趙州橋、各所で看板が見られる

宝にあげられる。隋代の605年ごろ、当時の名工の李春（河北省隆堯出身）、李通（河北省唐山出身）によって完成し、現存する世界最古の開孔アーチと名高い。夏と秋の雨季には川の水が増水することから、アーチ型の設計となり、さらに水の抵抗をなくすために4つの穴が開けられている。橋の長さ50.82m、幅9.6m、梁間37.02m、アーチのそりの高さ7.23mで、37.02mの梁間は730年間世界最長を記録し、1959年に黄虎大橋（湖南省）が完成するまで1300年あまり中国国内では最長だった。1958年に改修されてはいるが、20世紀末ごろまでほとんどそのままの状態で使われていたことからも、丈夫さ、設計の見事

河北省

さがうかがえ、この橋を設計した李春の白い石像も立つ。趙州橋がかけられた隋代、橋の両岸に船着場があったという。

仙人が皇帝たちと橋を渡った話

中国では、紀元前5世紀ごろに生きた名匠の魯班が「建築の神さま」として信仰を集め、趙州橋も魯班の手によるとも解釈される（実際に趙州橋をつくったのは李春）。ある日、魯班が見事な趙州橋をつくったと聞いて、八仙のひとり張果老、後周の世宗紫栄、北宋の太祖趙匡胤の3人がやってきた。「この橋は驢馬が通っても大丈夫か？」と尋ねた張果老に対して、

魯班は「驢馬程度が渡ってもなんてことない」といった態度をとった。ところが、張果老は太陽と月と星、紫栄は名山を入れるひょうたんを所持していたため、趙州橋はぐらぐらと揺れはじめた。あわてた魯班は下側から橋がくずれるのを支えた。現在、残る橋の驢馬のひずめのあと、橋下側の魯班の手のひらのあとはこのときのものだという。

ふたつの石橋

趙州に残る兄弟（姉妹）のようなふたつの石橋にまつわる伝説。昔むかし、魯班とその妹の魯姜がこの地にやってきて、

【MEMO】

CHINA
河北省

趙州橋

趙州橋
(安濟橋・大石橋)

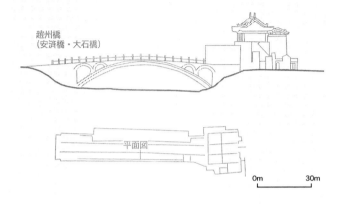

平面図

0m 30m

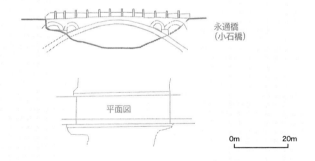

永通橋
(小石橋)

平面図

0m 20m

Shijiazhuang 南東郊外城市案内

河北省

どちらが見事な橋を洨河にかけられるか競争することになった。魯班は趙州南門から少し離れたところに、魯姜は西門外に橋をつくりはじめた。結果、魯班のものは雄大で見事な橋、魯姜のものは小ぶりだが繊細な欄干の彫刻をもつ橋になった。こうしてふたつの橋が完成し、魯班のつくったものを「大石橋」、魯姜のつくったものを「小石橋」と呼んだ。

石家荘高新区 石家庄高新区 shí jiā zhuāng gāo xīn qū
シイジィアチュゥアンガオシィンチュウ ［★☆☆］
石家荘高新区は1991年におかれた開発区で、市街東郊外に

Shijiazhuang｜南東郊外城市案内

位置する（石家荘高新技術産業開発区）。医薬、電子機器、機械設備、環境などの研究開発機関、工場などが集まり、各国企業が進出している。石家荘は中国四大直轄地の北京と天津にもっとも近い省都という地の利をもつ。

天山海世界 天山海世界
tiān shān hǎi shì jiè ティエンシャンハァイシイジエ［★☆☆］
各種プールを備えたアミューズメント施設の天山海世界。波立つプール、温水プール、南国の海がイメージされたものなどが備えられている。1999年に開館した。

河北省

藁城県台西村 藁城县台西村 gǎo chéng xiàn tái xī cūn
ガオチャンシィェンタァイシイツゥン［★☆☆］

石家荘東郊外に位置し、紀元前14〜前13世紀の殷代の遺物が出土した藁城県台西村。1965年と1972年の調査後、1973年から発掘され、儀礼や祭祀に使われた青銅器、酒器、刃が鉄でできているまさかりなどが見つかっている。

城市のうつりかわり

CHINA
河北省

20世紀になるまで石家荘の地にはほとんど何もなかった
石家荘以前の古都正定と
近代化を受けて急激に膨張した石家荘の歩み

古代（〜6世紀）

石家荘東部の藁城県台西村では殷代（紀元前14〜前13世紀）にさかのぼる遺構が確認されている。古く、石家荘は中原文化と北方民族の文化が混在する場所で、春秋時代には「東陽」と呼ばれる戎狄が活動し、戦国時代になると石家荘郊外の霊寿に非漢族系の中山国の都がおかれた（紀元前8世紀ごろに北方からこの地に遷った非漢族の白狄が中華文明をとり入れて建国した）。中山国は紀元前296年に趙に滅ぼされ、やがて中華は秦の始皇帝（紀元前259〜前210年）によって統一された。始皇帝は石家荘南東115kmの河北沙丘でなくなったが、

その死を隠すため巡行の予定を変えず、遺体は石家荘西の井陘を通って咸陽に帰っていった。秦に替わった漢代には石家荘あたりは石邑県と言われ、後漢の劉秀は石家荘南50kmの河北高邑で諸将から推挙を受け、皇帝に即位している。当時の石家荘にはほとんど何もなかったものの、河北南北を結ぶ地、太行山脈を越える井陘に続く要衝という性格をもっていた。

隋唐宋元（6〜14世紀）
3〜6世紀の魏晋南北朝時代、河北には北方民族が多く暮らすようになり、河北の絹はシルクロードを通じて西方へ伝

CHINA
河北省

わっていった。この時代、石家荘北の「正定」と石家荘南東の「趙州」があたりの中心地で、隋唐創建の仏教寺院や建築物は今も残る。安史の乱（755〜763年）が起こると、正定はその攻防の舞台となり、やがて唐朝の懐柔政策に応じた安史軍の実力者が河北の節度使として君臨した。河北正定の成徳節度使は河朔三鎮の一角で、唐朝に対してなかば独立的な態度をとり、仏教を篤く保護したことから、正定には当時の仏教文化が息づいている。その後、時代は五代から北宋、元へと遷ったが、元代の正定は首都の大都（北京）に準ずる繁栄を見せていたという。

▲左　正定の開元寺、西安の小雁塔と同じ様式。　▲右　河北省を意味する冀州「冀」の文字が見える

明清（14〜20世紀）

明代初期、人口政策などの理由で山西洪洞大槐樹から多くの移民が河北へ移住することになった。またこの時代、元代に官吏をつとめた回教徒（イスラム教徒）が北京へ続く河北の運河や街道上に移住してきた。明朝第12代嘉靖帝の1534年、石家荘近郊の古利毘盧寺が改修され、そのときに石家荘の名前が史上はじめて確認できる。当時の石家荘はほとんど何もない寒村があるばかりで、この地に暮らす農民たちは自給自足、ときおり正定に作物を売りに行くといった生活をしていた（清初、直隷巡撫が北京から派遣され、正定は保定に遷る

CHINA
河北省

まで直隷省の中心だった）。こうした状況は、アヘン戦争（1840 〜 42 年）以後にはじまった中国の近代化で鉄道が敷かれたことで一変する。清朝末期の 1904 年に中国南北を走る京漢鉄道、1906 年に華北東西を走る石太鉄道が敷設され、ふたつの鉄道がここ石家荘で交わった。1901 年、93 戸 532 人の住む寒村に過ぎなかった石家荘は、停車場（駅）を中心に街が開けていった。

Shijiazhuang　城市のうつりかわり

近代（20世紀）

20世紀初頭から急速な発展を見せた石家荘。1925年、近くの農村地帯をあわせて休門と石家荘の名前をとって、石門市（現在の石家荘）が生まれた。紡績業や製粉業の発展に伴い、仕事と機会を求める省外からの移住者が押し寄せ、1937年には5万人を超す人口を抱える都市となっていた。1916年、三菱が石家荘に拠点をつくるなど、日本人も石家荘に進出し、とくに1937〜45年の日中戦争時には日本の華北統治の拠点として多くの日本人が石家荘に暮らしていた。一方、この時代、中国共産党が台頭し、日中戦争以後の1947年、国民党

CHINA
河北省

に替わって石家荘を解放した。石家荘は中国共産党が統治する有数の大都市であったことから、中国人民銀行が設立されるなど、1949年に北京で建国される中華人民共和国の土台が築かれた。

現代（20世紀以後）

開港場となった天津、直隷総督府のあった保定に対して、石家荘は新興工業都市という性格だった。1949年の中華人民共和国設立以後は、保定や天津に河北省の省都がおかれていたが、1968年、保定から石家荘に省都が遷った。周囲の豊

▲左　新市街にそびえる高さ280mの石家荘電視塔。　▲右　石家荘が農村だった時代からの信仰も垣間見られる

富な鉱物を背景に、紡績、機械、化学工業が発展し、石家荘は河北の政治、経済、金融、情報の中心地となっている（一方で大気汚染などの環境問題が指摘され、今後の課題でもある）。近代以降急速に街ができ、省都になったという石家荘の性格は鄭州や太原など他の華北の省都にくらべても特異で、観光地は石家荘成立以前からあった正定や趙州など郊外に集中している。また北京と天津という二大都市に近く、両都市と河北省をあわせた大首都圏構想も進んでいる。

参考文献

『石家荘市 概況と投資環境』(日本貿易振興機構)

『匠の作ったアーチ橋「安済橋」』(上野淳人 /Civil engineering consultant 226)

『華夏族の形成と中山国』(五井直弘 / 専修人文論集)

『河北・西柏坡 新中国はここからやってきた西柏坡』(金田直次郎・沈暁寧 / 人民中国)

『中国古寺巡礼 (6) 隆興寺 宋代芸術の宝庫』(丘桓興 / 人民中国)

『唐末五代の河北地方に於ける輝宗興起の歴史的祇會的事情について』(柳田聖山 / 日本佛教學會年報二十五號)

『抗日根拠地における通貨および通貨政策:晋察冀辺区および晋冀魯予辺区の実例』(岩武照彦 / 史學雑誌)

『ソグド人の東方活動と東ユーラシア世界の歴史的展開』(森部豊 / 関西大学出版部)

『河北正定に臨済禅師の遺跡を訪ねる』(衣川賢次 / 禅文化)

『唐末五代鎮州 (正定) に於ける臨済禅』(金井徳幸 / 立正史学)

『狼の文学 -- 中山狼雑劇を中心として』(八木沢元 / 集刊東洋学)

『中山王国文物展』(東京国立博物館, 日本中国文化交流協会 / 日本経済新聞社)

『中国名勝旧跡事典』(中国国家文物事業管理局編 / ぺりかん社)

石家庄旅游网（中国語）http://www.sjztour.com.cn/

河北博物院（中国語）http://www.hebeimuseum.org/

『世界大百科事典』（平凡社）

［PDF］石家荘 STAY（ホテル＆レストラン情報）http://machigotopub.com/pdf/shijiazhuangstay.pdf

まちごとパブリッシングの旅行ガイド
Machigoto INDIA , Machigoto ASIA , Machigoto CHINA

【北インド - まちごとインド】

001 はじめての北インド
002 はじめてのデリー
003 オールド・デリー
004 ニュー・デリー
005 南デリー
012 アーグラ
013 ファテープル・シークリー
014 バラナシ
015 サールナート
022 カージュラホ
032 アムリトサル

【西インド - まちごとインド】

001 はじめてのラジャスタン
002 ジャイプル
003 ジョードプル
004 ジャイサルメール
005 ウダイプル
006 アジメール（プシュカル）
007 ビカネール
008 シェカワティ
011 はじめてのマハラシュトラ
012 ムンバイ
013 プネー
014 アウランガバード
015 エローラ
016 アジャンタ
021 はじめてのグジャラート
022 アーメダバード
023 ヴァドダラー（チャンパネール）
024 ブジ（カッチ地方）

【東インド - まちごとインド】

002 コルカタ
012 ブッダガヤ

【南インド - まちごとインド】

001 はじめてのタミルナードゥ
002 チェンナイ
003 カーンチプラム
004 マハーバリプラム
005 タンジャヴール
006 クンバコナムとカーヴェリー・デルタ
007 ティルチラパッリ
008 マドゥライ
009 ラーメシュワラム
010 カニャークマリ
021 はじめてのケーララ
022 ティルヴァナンタプラム
023 バックウォーター（コッラム〜アラップーザ）
024 コーチ（コーチン）
025 トリシュール

【ネパール - まちごとアジア】

001 はじめてのカトマンズ
002 カトマンズ
003 スワヤンブナート

004 パタン
005 バクタプル
006 ポカラ
007 ルンビニ
008 チトワン国立公園

【バングラデシュ - まちごとアジア】

001 はじめてのバングラデシュ
002 ダッカ
003 バゲルハット（クルナ）
004 シュンドルボン
005 プティア
006 モハスタン（ボグラ）
007 パハルプール

【パキスタン - まちごとアジア】

002 フンザ
003 ギルギット（KKH）
004 ラホール
005 ハラッパ
006 ムルタン

【イラン - まちごとアジア】

001 はじめてのイラン
002 テヘラン
003 イスファハン
004 シーラーズ
005 ペルセポリス
006 パサルガダエ（ナグシェ・ロスタム）
007 ヤズド
008 チョガ・ザンビル（アフヴァーズ）
009 タブリーズ

010 アルダビール

【北京 - まちごとチャイナ】

001 はじめての北京
002 故宮（天安門広場）
003 胡同と旧皇城
004 天壇と旧崇文区
005 瑠璃廠と旧宣武区
006 王府井と市街東部
007 北京動物園と市街西部
008 頤和園と西山
009 盧溝橋と周口店
010 万里の長城と明十三陵

【天津 - まちごとチャイナ】

001 はじめての天津
002 天津市街
003 浜海新区と市街南部
004 薊県と清東陵

【上海 - まちごとチャイナ】

001 はじめての上海
002 浦東新区
003 外灘と南京東路
004 淮海路と市街西部
005 虹口と市街北部
006 上海郊外（龍華・七宝・松江・嘉定）
007 水郷地帯（朱家角・周荘・同里・甪直）

【河北省 - まちごとチャイナ】

001 はじめての河北省
002 石家荘
003 秦皇島
004 承徳
005 張家口
006 保定
007 邯鄲

【江蘇省 - まちごとチャイナ】

001 はじめての江蘇省
002 はじめての蘇州
003 蘇州旧城
004 蘇州郊外と開発区
005 無錫
006 揚州
007 鎮江
008 はじめての南京
009 南京旧城
010 南京紫金山と下関
011 雨花台と南京郊外・開発区
012 徐州

【浙江省 - まちごとチャイナ】

001 はじめての浙江省
002 はじめての杭州
003 西湖と山林杭州
004 杭州旧城と開発区
005 紹興
006 はじめての寧波
007 寧波旧城
008 寧波郊外と開発区
009 普陀山
010 天台山
011 温州

【福建省 - まちごとチャイナ】

001 はじめての福建省
002 はじめての福州
003 福州旧城
004 福州郊外と開発区
005 武夷山
006 泉州
007 厦門
008 客家土楼

【広東省 - まちごとチャイナ】

001 はじめての広東省
002 はじめての広州
003 広州古城
004 天河と広州郊外
005 深圳(深セン)
006 東莞
007 開平(江門)
008 韶関
009 はじめての潮汕
010 潮州
011 汕頭

【遼寧省 - まちごとチャイナ】

001 はじめての遼寧省
002 はじめての大連
003 大連市街
004 旅順
005 金州新区

006 はじめての瀋陽
007 瀋陽故宮と旧市街
008 瀋陽駅と市街地
009 北陵と瀋陽郊外
010 撫順

【重慶 - まちごとチャイナ】

001 はじめての重慶
002 重慶市街
003 三峡下り（重慶〜宜昌）
004 大足

【香港 - まちごとチャイナ】

001 はじめての香港
002 中環と香港島北岸
003 上環と香港島南岸
004 尖沙咀と九龍市街
005 九龍城と九龍郊外
006 新界
007 ランタオ島と島嶼部

【マカオ - まちごとチャイナ】

001 はじめてのマカオ
002 セナド広場とマカオ中心部
003 媽閣廟とマカオ半島南部
004 東望洋山とマカオ半島北部
005 新口岸とタイパ・コロアン

【Juo-Mujin（電子書籍のみ）】

Juo-Mujin 香港縦横無尽
Juo-Mujin 北京縦横無尽
Juo-Mujin 上海縦横無尽

【自力旅游中国 Tabisuru CHINA】

001 バスに揺られて「自力で長城」
002 バスに揺られて「自力で石家荘」
003 バスに揺られて「自力で承徳」
004 船に揺られて「自力で普陀山」
005 バスに揺られて「自力で天台山」
006 バスに揺られて「自力で秦皇島」
007 バスに揺られて「自力で張家口」
008 バスに揺られて「自力で邯鄲」
009 バスに揺られて「自力で保定」
010 バスに揺られて「自力で清東陵」
011 バスに揺られて「自力で潮州」
012 バスに揺られて「自力で汕頭」
013 バスに揺られて「自力で温州」

【車輪はつばさ】
南インドのアイラヴァテシュワラ寺院には建築本体に車輪がついていて寺院に乗った神さまが人びとの想いを運ぶと言います。

・本書はオンデマンド印刷で作成されています。
・本書の内容に関するご意見、お問い合わせは、発行元の
　まちごとパブリッシング info@machigotopub.com までお願いします。

まちごとチャイナ
河北省002石家荘
〜河北省の省都「十字交差路」［モノクロノートブック版］

2017年11月14日　発行

著　者	「アジア城市（まち）案内」制作委員会
発行者	赤松　耕次
発行所	まちごとパブリッシング株式会社
	〒181-0013　東京都三鷹市下連雀4-4-36
	URL http://www.machigotopub.com/
発売元	株式会社デジタルパブリッシングサービス
	〒162-0812　東京都新宿区西五軒町11-13
	清水ビル3F
印刷・製本	株式会社デジタルパブリッシングサービス
	URL http://www.d-pub.co.jp/

MP165

ISBN978-4-86143-299-6　C0326　　　　　Printed in Japan
本書の無断複製複写（コピー）は、著作権法上での例外を除き、禁じられています。